AF311284

FRAGMENTS

D'UNE

CHRONIQUE INÉDITE

RELATIFS

AUX ÉVÉNEMENTS MILITAIRES

ARRIVÉS EN BASSE-NORMANDIE

de 1353 à 1389

Par M. Léopold DELISLE

SAINT-LO

IMPRIMERIE F. LE TUAL, RUE DES PRÉS, 5

M DCCC XCV

FRAGMENTS

D'UNE

CHRONIQUE INÉDITE

RELATIFS

AUX ÉVÉNEMENTS MILITAIRES

ARRIVÉS EN BASSE-NORMANDIE

de 1353 à 1389

Par M. Léopold DELISLE

SAINT-LO

IMPRIMERIE F. LE TUAL, RUE DES PRÉS, 5

M DCCC XCV

FRAGMENTS

d'une Chronique inédite

relatifs aux événements militaires

arrivés en Basse-Normandie, de 1353 à 1389.

Sous le règne du roi Jean et du roi Charles V, la Basse Normandie et particulièrement le Cotentin furent le théâtre d'événements militaires, dont tous les détails ne sont pas encore bien connus. J'ai essayé jadis de raconter ceux au souvenir desquels le nom de Saint-Sauveur-le-Vicomte doit rester attaché (1). Je mis alors surtout à profit les débris des archives de la Chambre des comptes, et plusieurs chroniqueurs, de mérite inégal, mais dont les récits se complètent et se contrôlent les uns par les autres. Les ouvrages de ces chroniqueurs ont été, dans ces trente dernières années, l'objet d'éditions critiques, qui en rendent l'emploi beaucoup plus sûr et plus commode que par le passé.

Le prince de nos historiens du xive siècle, Jean Froissart, a trouvé un éditeur digne de lui dans notre très regretté compatriote, Siméon Luce, qu'une mort prématurée a empêché de poursuivre l'édition et l'annotation au-delà du premier livre des Chroniques (2). L'édition dont il avait, sous les auspices de la Société de l'Histoire de France, mené à bonne fin la partie la plus considérable et la plus difficile, sera continuée par M. Gaston Raynaud, dont le travail satisfera les juges les plus exigeants, comme on peut dès maintenant s'en assurer en parcourant le volume tout récemment paru (3) qui contient le commencement du second livre.

(1) *Histoire du château et des sires de Saint-Sauveur-le-Vicomte, suivie de pièces justificatives*. Valognes, 1867. In 8°.

(2) *Chroniques de J. Froissart, publiées pour la Société de l'Histoire de France*. Tomes I-VIII. Paris 1869-1888. In-8°.

(3) *Chroniques de J. Froissart. Deuxième livre*. Tome IX. Paris, 1894. In-8°.

Une chronique anonyme, s'arrêtant à l'année 1372, dans laquelle les événements de notre province tiennent une place considérable, a été mise au jour, en 1882, par MM. Auguste et Émile Molinier ; au texte établi d'après deux manuscrits de la Bibliothèque nationale et de la bibliothèque de Toulouse, les éditeurs ont ajouté un sommaire et des annotations analogues aux sommaires et aux annotations qui donnent tant de prix au Froissart de Siméon Luce. Cette publication forme un volume de la Société de l'Histoire de France, intitulé *Chronique normande du* xive *siècle ;* Paris, 1882. In-8°.

La *Chronique du Mont-Saint-Michel,* conservée dans le manuscrit latin 5696 de la Bibliothèque nationale, ne contient qu'un bien petit nombre d'articles se rapportant au xive siècle. Je dois cependant la citer, parcequ'elle renferme plusieurs passages dérivant, selon toute apparence, de la même source que la Chronique anonyme dont je dois faire connaître aujourd'hui la meilleure partie. La *Chronique du Mont-Saint-Michel* a eu la bonne fortune d'avoir pour éditeur Siméon Luce, qui a compris dans sa publication une longue série de pièces très importantes pour l'histoire de la défense nationale pendant l'occupation anglaise au xve siècle (1).

Près de vingt ans auparavant, le même savant avait inauguré ses publications de textes historiques, en faisant sortir de l'oubli une chronique normande d'une réelle importance, à laquelle il a donné le titre de *Chronique des quatre premiers Valois* (2) et qui embrasse la période comprise entre les années 1327 et 1393.

Je laisse de côté la *Chronique normande de Pierre Cochon,* que M. Charles de Beaurepaire a publiée en 1870 pour la Société de l'histoire de Normandie. C'est à peine si Pierre Cochon a consacré quelques lignes aux événements dont les diocèses de Coutances et d'Avranches furent le théâtre au xive siècle.

---

(1) *Chronique du Mont-Saint-Michel* (1343-1468), *publiée avec notes et pièces diverses relatives au Mont-Saint-Michel et à la défense nationale pendant l'occupation anglaise,* par Siméon Luce. Paris 1879 et 1883. Deux volumes in-8° de la collection de la Société des anciens textes français.

(2) Paris, 1862. In-8°. De la collection de la Société de l'Histoire de France.

Telles sont les chroniques qui sont venues s'ajouter dans les trente dernières années, aux récits originaux, tels que ceux des rédacteurs des *Grandes chroniques* et des continuateurs de Guillaume de Nangis, que nous possédions depuis plus ou moins longtemps et auxquels nous devions demander des renseignements sur l'histoire de notre province pendant les règnes de Philippe de Valois, de Jean II, de Charles V et de Charles VI.

Un assez curieux fragment du même genre, qui paraît avoir échappé à mes devanciers, m'a semblé mériter d'être mis en lumière. C'est une collection de notes relatives à des événements accomplis depuis 1342 jusqu'en 1389. Ces notes couvrent les vingt premières pages d'un volume dans lequel a été copiée, au XVᵉ siècle, la Chronique en prose des ducs de Normandie. Le manuscrit, qui a appartenu à Pierre-Daniel Huet, évêque d'Avranches, porte aujourd'hui à la Bibliothèque nationale le n° 11900 du fonds français. J'en ai extrait les paragraphes qui se rapportent à la Basse-Normandie.

Plusieurs de ces paragraphes ont un air de parenté avec les passages correspondants de la *Chronique normande* et de la *Chronique du Mont-Saint-Michel* dont je parlais tout à l'heure ; mais plusieurs sont tout à fait indépendants des récits contemporains, recueillis jusqu'à ce jour. Il convient de les tenir en grande considération ; car l'auteur, qui écrivait du vivant du roi Charles VI, et très probablement en Normandie, paraît avoir été exactement renseigné, du moins pour ce qui concerne le Cotentin et l'Avranchin. C'est ce qui résultera des observations dont j'ai fait suivre le texte de la Chronique. On sera frappé, je crois, de l'accord qui règne entre les notes du chroniqueur anonyme et les témoignages fournis soit par les autres chroniqueurs soit par les pièces d'archives, et notamment par ce Compte du roi de Navarre qu'a publié M. Izarn (1) et qui est une des meilleures sources de renseignements pour l'histoire de notre province pendant les années 1357-1370.

(1) *Le compte des recettes et dépenses du roi de Navarre en France et en Normandie, de 1367 à 1370,* publié par E. Izarn, *avec une introduction par* Gustave A. Prevost. Paris, 1885. In-8°.

1353

Et adoncques furent assises les terres que le roy de Navarre avoit
en Normendie, c'est assavoir la conté de Beaumont, la baronnie de
Brete[u]il, la baronnie de Conches, la viconté d'Orbec, la viconté
du Ponteaudemer, la viconté de Vallongnes, la viconté de Carenten,
toutes ces terres en recompensassion de xl mille livres de rente
qu'il prenoit sur les coffres du roy, tant pour le mariage de sa fame
que pour la conté de Champaigne ; et l'an dessus dit print la possession des dictes terres.

1354

En l'an cini se partit monseigneur Martin de Navarre sans congié,
et s'en alla par devers mons. Thomas de Hollande, lors lieutenant du
roy d'Angleterre en Bretagne.

Et l'an dessus dit, le dit mons. Martin et mons. Thomas firent une
chevauchie en Normandie jusques aux faubours de Caen, et en ardirent part[ie] et de ceulx de Baieulx.

1355

En l'an dessus dit avoit esté mons. de Donnehan lieutenant en
Bretaigne, et demoura au Ponttorsum, et là eut une bataille de ung
chevalier de Picardie, appellé mons. Quyret de Weaucourt (1), et là
fut le dit Cript desconfit et mort en champt.

Et l'an dessus dit, le roi de Navarre fut lieutenant en Bretaigne.
Et la septmaine devant Pasques le duc de Normendie donna à digner
au roy de Navarre et à grant fouison de chevaliers Et là le roy vint
et fist prendre le roy de Navarre et le conte de Harecourt, le sire de
Graville et Marbue de Maintemare (2), et mons de Friquans, Johan,
et Colin Doublel. Et fut mort mons. de Harcourt et mons. de Graville. Le dit Marbue et le dit Colin Doublel et Friquans et Johan de
Blance (3) lors furent mis en prison en Chastellet, et là furent temps.

(1) Je crois qu'il faut suppléer ici les mots : « et de un chevalier
alemant appelé Eriq de Ridebourt. » Cette restitution est justifiée par
le texte de la *Chronique normande du XIVe siècle*, p. 107.

(2) Guillaume Maubue de Mainemares.

(3) Jean de Bantalu, suivant les *Grandes Chroniques*, t. VI, p. 26. —
La forme « de Bantalu » est justifiée par une charte de 1364 que Siméon
Luce a publiée dans *la Jeunesse de Du Guesclin*, p. 594.

Et depuis Friqnanx s'en partit sans congié, et s'en alla devers le roy d'Angleterre. Et quand le roy de Navarre eut esté grant pièche en Chastellet, il fut mené en ung chastel en Picardie (1), et fut baillié à garder à mons. de Betysy, et là fut longuement.

1356

En l'an LVI mons. Phelippe de Navarre s'en partit et s'en vint à Chirebourg ; et vint avec lui mons. Regnault de Trye, de Mariel, mons. Johan de Versilles¹, mons. Joham de Morbec ; et par lui fist assembler grant fouison de gens tant du païs que de alleurs. Et là fut mons. Godeffray de Harecourt.

Et fist le [dit] Phelippe deffier le roy, et commencha la guerre qui dura grant pièche. Car ledit mons. Phelippe envoya querre le duc de Lenclastre, qui o grant foeson de gens vint en Costentin. Et en tant qu'il mist à venir, le dit mons. Phelippe assist l'abbaie de Lessay, où il estoit entré gens d'armes qui furent prins, et fut la dicte abbaïe arse.

Et quant le duc de Lenquastre feut venu, il partit la vigille Saint Joham de Costentin, pour aller lever le siège du Ponteaudemer, lequel estoit assis des gens du roy ; et fut le siège levey et le chastel reffrechy. Et de là partit le duc et le conte Phelippe et le duc de Bretaigne, et chevauchièrent jusques à Verneul, et prindrent la tour et la ville ; et de illecques se partit bien en haste. Car il luy fut raporté que le roy avoit assemblé grant ost pour venir sur culx, et les parsuit jusques à Tueubeuf (2 ; et de illecques retourna et mist le siège à Breteul, et fut tant devant que il print.

. . . .

En l'an dessus dit fut la bataille à Sainte Marie du Mont. Et là fut mort mons. Godeffroy de Harecourt, et furent les gens au roy de Navarre descontis, desquiculx estoit cappitaine mons. Pierre de Saqueinville, qui avoit grant foison d'Englois et de Navarrés avec lui et des gens du païs Et pour le roy estoit lieutenant miss. Robert de Cleremont. Et fut le jour saint Martin d'iver.

Et l'an dessus dit retourna mons. Phelippe de Navarre d'Angleterre, en sa compagnie quatre chevaliers de par le roy d'Angleterre. Et fist le dit mons. Phelippe aliance au roy d'Angleterre et hommage. Et au devant avoit deffié le roy par ung nommé Godeffroy de Breban.

(1) Le château de Crèvecœur en Cambrésis.

(2 Il s'agit de Tubœuf, Orne, arrondissement de Mortagne, canton de Laigle.

Et l'an dessus dit, eu mois de aoust, viron la Saint Laurens, fut la besoigne des Veiz, où mons. de Saquenville et mons. Ameury de Meulenc furent prins, et mons. de Fertey et plusieurs aultres. Et le dit mons. Pierres (1) venoit tout droit du siège de Remilly, lequel il avoit prins par force.

Et l'an dessus dit, fist mons. de Hanget une chevauchie à Carenten, et print la ville et grant foison de gens qui estoient dedens, tant d'Engloiz que d'aultres gens du païs. Et le dit mons. Pierres se retrait au Pont d'Ove.

Et tantost le dit missire Pierres fist une chevauchie pour lever le [siège du] Pontaudemer. Et ou viage out plusieurs encontres en alant, là fut mons. Robert d'O, et leva le siège du dit lieu. Et adonc s'en revint le dit mons. Phelippe sans riens perdre.

Et quant le dit missire Phelippe fut revenu d'Angleterre, et en sa compaignie quatre chevaliers, mons. Richart de Wache, mons. Guillaume de Stapheton, mons. Joham Avenel, mons. Collequin de Lovem, il fist une chevauchie en Bessin, et print Ysigny et Creuli.

Et tantost après fist une chevauchie jusques devant Charlez. Et là fist grandement de chevalliers, tant d'Allemans, Engloiz que d'aultres. Et tantost comme il fut retourné, il partit pour aller parler au duc de Lenclastre devant Reignes, que il luy rendist le chastel de Avrenches, que ses parens avoient prins sur ung chevallier appelley le siro de Hauche. Et là oult de grosses parolles entre le duc et missire Phelippe. Et toutes foiz le chastel fut rendu. Et tant qu'il fut par devers le duc, lez Angloiz prindrent Terre, et les Navarrés le chastel de Hambie.

Et l'an dessus dit, Michiel de Chaulx, navarrés, prinst le chastel de Damfront.

Et l'an dessus dit se formèrent les trois estas en France.

1358

En l'an LVIII... le roy de Navarre se retraist à Mante, et mons. Phelippe en Costentin.

1359

En l'an LIX le roy de Navarre fist sa paix au regent.

Et se departit donc missire Thomas de Holande, lequel vint faire ung fort à Barefleu, et print à hommage gens de païs, chevaliers et

(1) Pierre de Saquainville.

escuiers. Et après mons. Phelippe de Navarre demoura lieutenant du roy d'Angleterre.

1360

En l'an lx chevaucha le roy d'Angleterre et le prince de Galles et le duc de Lanclastre devant Paris.

Et donc fut la grant famine et la grand fredure, qui fut après Quasimodo.

Et se retrait le roy d'Angleterre parmy le Neufbourg, et vint le roy de Navarre parler à luy à la Rivière de Tybouville, et d'illecques le roy d'Angleterre ala à Honneflleu, et monta à la mer pour aller à son païs.

Et l'an dessus dit, les ostages pour aller en Angleterre (1).

Par le conseil du père Urbain, saint homme, et de gens do France et d'Angleterre, la paix se fist ; et là fut le roy Joham et le roy d'Angleterre et le conte et mons. Phelippe de Navarre. Et là fut l'acort fait entre les roys ; et demoura la duchie de Guyenne et la conté de Pontif au roy d'Angleterre. Et là fut missire Phelippe de Navarre, qui print congié au roy d'Angleterre, et luy rendit son hommage et ses aliances, et presentement fist hommage au roy de France. Et là fut donnée la terre de Saint-Sauver-le-Viconte à mons. Jouham Chandos.

Et l'an dessus dit, mons. Thomas de Hollande fut ordonné pour faire vuidier les fors de Normendie et de France, et en fist assés bien son devoir, et tant que auchuns tiennent qu'il en fust enprisonné et mort à Rouen.

1361

En l'an lxi vindrent grant fouison d'Angloiz à Quinquernon et voulurent enforchier Roumelly. Et là fut mons. Philippe de Navarre et grant fouison de gens de Normendie, et fist coupe[r] la teste à ung navarrés appellé Loupe Dagoreste, et vuidèrent le païs.

Et après, missire Phelippe fut mort de maldie, de quoy ce fut grant dommage et pitié. Et fut enterré à Evreux en la grant eglise, et de là fut aporté à Saint-Denis.

1364

En l'an lxiiii furent prins Mante et Meullenc par mons. Bertran.

(1) Il y a peut-être ici quelques mots omis dans le manuscrit

Et en l'an dessus dit vint le cadal du **Buth**, lieutenant du roy de Navarre.

Et cel an fut la besoigne d'Escaulleville en Costentin par mons. Guillaume du Melle, lors lieutenant du roy ; et furent les gens du roy de Navarre desconfiz. Et lors fut Carentan prins.

Et dedens huit jours fut la bataille de Coherel par mons. Bertran, le bon chevalier, lors lieutenant du roy, et par le cadal, qui avoit grant fuison d'Angloiz et de Navarrés et d'aultre gens. Et fut le cadal prins et desconfit. Et là fut mort le viconte de **Beaumont**. Et là fut prins mons. Pierres de Saquenville, lequel fut mort à Rouen. Et là fut mort le Basque de Mareul, et furent les gens du roy de Navarre desconfiz et mors.

E lors le roy Charlles print la possession de Vernon, qui estoit à la rayne Blance, et print Longueville, et d'illecques s'en ala à son couronnement à Rains.

Et tantost après, mons. Bertran vint mestre le siège devant Vailloignes, et prinst le chastel et Magneville et Barefleu et le Pont l'Abbé et Neauhou, et d'illecques s'en ala en Bretaigne à mons. le bon duc Charlles. Et adonc fut la bataille à Dauray, où fut mort le bon duc. Et le bon chevalier missire Bertran et ung bon chevalier d'Angleterre nommé Chandos eschapèrent la bataille.

1366

En l'an LXVI vint une compaignie au Homme par le blanc chevalier angloiz, et furent tous mors et prins pour ce qu'il n'avoient point de titre de guerre. Et lors estoit lieutenant du roy mons. Guillaume du Mesloy.

Et en l'an dessus dit vint le roy Petro d'Espaigne à Bordeaulx par devers le prince de Galles, pour requerre secours touchant Henry, son frère, bastart d'Escorntemare.......

1368

Et l'an LXVIII partit une grant compaignie d'Angloiz et d'aultres gens qui prindrent le Chastel Gaultier ; et d'illecques, l'an dessus dit, se partit ung chevalier appeley mons. Guieffray Esselle pour prendre Chierebourg, et fist grant dommage au païs de Costentin et se retrait au Chastel Gaulier sans plus faire.

Et l'an dessus dit, fut le roy Charles ney, qui à present est.

Et l'an dessus dit, vint ung chevalier nommé missire Johan Chandos, qui fist moult amender le chastel de Saint-Sauveur-le-Viconte.

. . . .

1369

En l'an LXIX vint le roy de Navarre en Costentin, eu moys d'aoust, et vint par Bretaigne, et parla au duc et à la duchesse, et l'amena mons. de Clison jusquez à Avreuches.

Tantost les compaignons qui estoient au Chastel Gautier vindrent après en Costentin à Saint Sauveur le Viconte. Et tantost tous les graus seigneurs des basses marches vindrent après et les assidrent à Saint Sauveur, c'est assavoir mes deulx seigneurs les mareschaulx de France, Sansseure et Blainville, et mons. le viconte de Sausseurre, mons. de Craon, mons. de Clison et mons de Raes, et plusieurs. Le roy de Navarre estoit adoncques à Chierebourg. Et adoncques tantost se departirent, et lez Engloiz demourèrent en Costentin et prindrent ung chastel nommé Arrundeville, et ung aultre nommé Guernetot.

1370

En l'an LXX, fut mis le siège devant Aroudeville par le mareschal de Bleinville et les gens du roy de Navarre, et fut prins le dit hostel.

Et en l'an dessus dit, le roy de Navarre alla parler au roy d'Angleterre, environ la mi aoust ; et demoura en ostage à Chierebourg par ledit roy l'evesque de Durraume, le conte de Warvic et le coute de Selson. Le roy de Navarre amena avesquez luy l'evesque, pour ce qu'il estoit trop vieulx. Et fut le roy de Navarre devers le roy d'Angleterre XV jours à Charentonne après Sallebières, et là oul grant teste.

Et au retour furent trouvés deulx carraques en la mer, qui estoient en la cité de Jennes (1), et furent prinses par leur orguil, et leur fist l'an grant dommage ; més toutefois fist rendre le roy d'Angleterre tout ce que l'en peult trouver, et leur donna une nef appellée le Vent.

1373

En l'an LXXIII, le roy d'Angleterre fist une armée pour aler en France, et lut bien six sepmaines sur mer, et [ne] peult point avoer bon vent pour passer. Et convint qu'il retournast.

Et en iceluy temps fut mort mons. Johan Chandos en Poitu, par ung breton appelé le Calle, qui desconfist luy et ses geus.

(1) Sans doute « de la cité de Gênes. »

L'an dessus dit, fut la bataille de Toulouse, où lez Angloiz furent desconfiz par les gens de mons. d'Anjou (1). . . . .

1377

En l'an LXXVII, se saizist le roy des chasteaulx du roy de Navarre en Normendie, et y envoya le duc de Bourgongne et mons. de Bourbon, mons. le connestable, et en leur compaignie mons. Charlles de Navarre et mons. l'admiral à ung costé, et avecques mons. Pierres de Navarre ; et en prindrent XXI, dont il en y oult XVI abatus, ch'est assaver Avrenches, Gavray, Mortaing et Tinchebray, Orbec, Ponteaudemer, Bernay, Beaumont le Rogier, Breteul, Nonancourt, Passy, Evreulx, Ennet, Nogent et Brieval ; et six en demoura, c'est assavoir Regnieville, Carenten, Vailoignes et Chierebourg (2).

1378

En l'an LXXVIII fut la bataille de la Hogue, en une place nommée la Pissoure, le jour saint Martin d'estey. Et fut prins missire Guillaume dez Bourdes, mons. des Chanevières, mons. de Tollevast, mons. Guillaume Macy et plusieurs aultres chevaliers et escuiers, et aultres mors et prins (3).

. . . .

1383

En l'an IIIIXX et III vindrent refourmateurs mons. de Vienne admiral et mons. Jobam le Merchier, Estienne du Moustier et maistre Jehan Pastorel, et firent de grans justices à Rouen, Caen et Failloise.

. . . .

Et l'an dessus dit se deubt combatre mons. de La Tremoulle à mons. Pierre de Courtenay, à Paris, devant le roy, et ne fut point la bataille.

(1) Le même article se trouve dans la *Chronique du Mont-Saint-Michel*, édit. de S. Luce, t. I, p. 7.

(2) Le manuscrit indique seulement quatre des six châteaux du roi de Navarre qui ne furent pas rasés par ordre de Charles V. Un cinquième, celui de Conches, est mentionné dans la *Chronique du Mont-Saint-Michel* (t. I, p. 11) qui, pour ce passage, est à peu près semblable à notre Chronique.

(3) Un abrégé de cet article est passé dans la *Chronique du Mont Saint-Michel*, t. I, p. 13.

1387

En l'an mil*** et vii fut couronné mons. de Navarre le jour de \
l'Ascension à Panpelune.

Et cel an, oult une grande feste tenue à Tracy par Guillaume d'Au-
fernet, pour lors tresorier des guerres ....

1389

En l'an mil*** et neuf, mons. Robert de Quité assembla grant fouison de gens d'armes, tant de Normendie que de Bretaigne, et
[prindrent] Saint-Malo de l'Ile, qui estoit en la main du duc (1).
Et y fut prins le viconte de la Bellière, qui estoit capitaine pour le
duc de Bretaigne, puis fut délivré, je ne sçay comment ...

Et l'an dessus dit le duc de Guelle fist deffier le roy viron la Saint
Andrieu.

Et l'an dessus dit, les Angloiz firent une grant armée en la mer,
de quoy estoit capitaine le conte d'Arondel, et furent en Bretaigne,
et ardirent le navire de Guerande chargié de sail, et d'ilecques
alèrent en Poetou, et ardirent l'isle de Noirmoustier, et furent à
La Rochelle, et ardirent grant foison du païs, et furent jusques à
Baionne (2) parler au duc de Lenclastre, qui lors y demouroit. Et
puis s'en retournèrent par la coste de Normendie, et furent devant
Harefleu, et ardirent deulx vielles barques.

En l'an dessus dit se fist une grant armée en France de huit gallées
et d'aultres navires, et en fut chief missire Jaques de Montmor,
avecques l'admiral d'Espaigne, et furent en Angleterre et y firent de
grant dommage (3).

Observations sur quelques articles de la Chronique

Dans l'essai de commentaire que je soumets au lecteur je n'ai
guère visé que les textes intéressant directement la Basse-Normandie. Je ne me suis pas occupé de certains passages que j'ai
dû englober dans mes extraits pour mieux faire comprendre la

(1) La phrase précédente se trouve dans la *Chronique du Mont-Saint-
Michel*, t. I, p. 16 et 17.

(2) Le manuscrit porte Brionne.

(3) Cet article, à l'exception du dernier membre de phrase, a été repro-
duit dans la *Chronique du Mont-Saint-Michel*, t. I, p. 17.

chronologie des événements.— Les observations seront présentées, année par année, suivant l'ordre dans lequel les faits ont été rapportés par le chroniqueur.

Année 1353.

Assignation de terres au roi de Navarre.— Ce fut le 8 février 1353 (1354, nouveau style) que le roi Jean chargea le cardinal de Boulogne et le duc de Bourbonnais de faire assiette au roi de Navarre de terres et de rentes pour tout ce qui lui était dû. La lettre de nomination des commissaires a été publiée par Secousse, dans son *Recueil de pièces sur Charles II, roi de Navarre*, partie I, p. 29.

Année 1354.

La chevauchée de Martin de Navarre et de Thomas de Holland, qui vinrent brûler une partie des faubourgs de Caen et de Bayeux, n'est point mentionnée dans les autres chroniques. Le 8 février 1355, le roi d'Angleterre nomma ce Thomas de Holland son lieutenant en Bretagne. (Notes de Siméon Luce sur Froissart, t. iv, p. liv.)

Année 1355.

Arnoul d'Audrehem, lieutenant du roi en Bretagne, séjourne à Pontorson. Une joute a lieu dans cette place : Eric de Ridbourg, champion des Anglais, y est blessé à mort par Quiéret de Woincourt, champion des Français. — Dans ce passage le manuscrit présente une lacune. J'ai proposé en note de la combler à l'aide de la *Chronique normande du xive siècle* (1), dont l'auteur a soigneusement rappelé cette joute. Voy. Siméon Luce, *La jeunesse de Bertrand Du Guesclin*, p. 122.

Le 5 avril 1355 (1356, nouveau style), le roi Jean arrête à Rouen le roi de Navarre et plusieurs amis de ce prince. — Sur ce coup d'état et sur les événements qui en furent la suite, il faut lire l'*Histoire de Charles le Mauvais* par Secousse, part. I, p. 72 et suivantes.

---

(1) Édit de la Société de l'Histoire de France, p. 107.

Année 1356.

Les événements de l'année 1356 sont exposés par notre chroniqueur dans un grand désordre, mais avec beaucoup de détails nouveaux. Il y faut distinguer ce qui concerne :

1° Le défi porté au roi Jean par Godefroi de Brabant.

2° Le siège et l'incendie de l'abbaye de Lessay par Philippe de Navarre, au mois de mai ou de juin.

3° La campagne du duc de Lancastre, qui partit du Cotentin le 23 juin pour faire lever le siège de Pont-Audemer, et qui revint à Montebourg le 13 juillet. (Voyez l'*Histoire du château de Saint-Sauveur*, p. 86 et 87.)

4° Le voyage de Philippe de Navarre en Angleterre et le traité que ce prince conclut avec Édouard III.—Voyez l'*Histoire de Charles le Mauvais*, par Secousse, part. I, p. 82 et 83. — Philippe de Navarre eut des lettres de sauf conduit le 24 juin pour passer en Angleterre, et le 20 août pour revenir en Normandie.

5° Le siège et la prise du château de « Remilly » par Pierre de Saquainville, partisan du roi de Navarre. — Il s'agit peut-être de Remilly, Manche, arrondissement de Saint-Lô, canton de Marigny. Je dois cependant faire observer que, dans un autre article de la Chronique, il est question, sous l'année 1361, de l'occupation par les Anglais de Romilly dans les environs de Beaumont-le-Roger (Eure).

6° Le combat des Vés ou de Rupalay, dans lequel les troupes du roi, commandées par Amauri de Meulan, furent battues par les partisans de Godefroi de Harcourt, vers le 10 août. (Voyez *Histoire du château de Saint-Sauveur*, p. 90 et 91.)

7° La prise de Carentan par un capitaine français, Jean, sire de Hangest, que le roi Jean avait envoyé comme lieutenant sur la frontière de Bretagne. (Voy. Siméon Luce, *La jeunesse de Du Guesclin*, p. 139.)

8° La prise d'Isigny et de Creully par Philippe de Navarre.— L'occupation de Creully par les Anglais est mentionnée dans la *Chronique normande du* xive *siècle*, p. 120 ; Richard de Creully les en chassa le 29 juillet 1357 (Siméon Luce, *La jeunesse de Du Guesclin*, p. 283).

9° La pointe que Philippe de Navarre poussa jusque devant Chartres et après laquelle il vint trouver le duc de Lancastre au siège de Rennes (d'octobre 1356 à juin 1357), pour lui réclamer la restitution d'Avranches.

10° La prise de « Terre » par les Anglais. —Je ne saurais dire s'il s'agit du château de Thère (Manche), arrondissement de Saint-Lô, canton de Saint-Jean-de-Daye, commune du Hommet.

11° La prise de Hambie et de Domfront par les Navarrais.— Suivant Siméon Luce, Hambie aurait été pris par les Navarrais vers le milieu de l'année 1357, et Domfront occupé par le duc de Lancastre dès le commencement de 1356 (*La jeunesse de Du Guesclin*, p. 267, 484 et 494).

12° Le combat de Sainte-Marie-du-Mont, dans lequel périt Godefroi de Harcourt. (Voyez *Histoire du château de Saint-Sauveur*, p. 92 et suivantes.) Ce combat aurait eu lieu au mois de novembre 1356, suivant les Grandes Chroniques. La *Chronographia regum Francorum* (éd. Moranvillé, t. II, p. 259) le place vers la mi-septembre de la même année.

Année 1359.

Le traité de paix entre le roi de Navarre et Charles, régent du royaume, fut conclu le 21 août 1359. Voy. Secousse, *Histoire de Charles le Mauvais*, part. I, p. 389-399.

Sur l'occupation de Barfleur par les Anglais, voyez *Histoire du château de Saint-Sauveur*, p. 111, 118 et 119. Thomas de Holland, qui fortifia Barfleur, était le baron anglais auquel avaient été affermées les terres de Saint-Sauveur, d'Auvers, d'Angoville et de Sainte-Marie-du-Mont (Ibid., p. 112 et 113).

Année 1360.

Les paragraphes relatifs aux événements de cette année sont assez intéressants, mais se succèdent dans un grand désordre. Voici comment ils auraient dû être disposés :

1° Chevauchée du roi d'Angleterre, du prince de Galles et du duc de Lancastre aux environs de Paris. — Édouard III campe à Chanteloup, entre Montlhéry et Arpajon, du 31 mars au 6 avril, et à Châtillon près Montrouge, le 7 avril. (*Grandes Chroniques*, t. VI, p. 169 et 170.)

2° Traité de **Brétigny**, conclu le 8 mai. Une clause de ce traité autorisait le roi d'Angleterre à disposer des terres de Godefroi de Harcourt ; c'est ainsi que Jean de Chandos fut investi de la baronnie de Saint-Sauveur-le-Vicomte, dont la possession lui fut reconnue par le roi Jean le 24 octobre 1360. Voy. *Histoire de Saint-Sauveur-le-Vicomte*, p. 113 et 114.

3° Retour d'Édouard III en Angleterre. Avant de s'embarquer à Honfleur, vers le 18 mai 1360, il était passé par le Neufbourg et par la Rivière-Thibouville, où il avait eu une entrevue avec le roi de Navarre, circonstance dont ne parlent pas les autres chroniques.

4° Mission de Thomas de Holland, chargé de faire évacuer les forteresses normandes occupées par les Anglais.

ANNÉE 1361.

Tentative d'une bande d'Anglais pour se retrancher à Quincarnon (1) et à Romilly (2). — Ce fut, paraît-il, en 1363, que Philippe de Navarre attaqua la garnison de Quincarnon. Voy. *Histoire du château de Saint-Sauveur*, p. 127, et *Chronique normande du* xiv° *siècle*, p. 162 et 163.

Mort de Philippe de Navarre, le 29 août 1363.

ANNÉE 1364.

La place de Mantes est prise par Bertrand Du Guesclin le 7 avril. Meulan fut assiégé peu de jours après. Voy. Siméon Luce, *La jeunesse de Bertrand Du Guesclin*, p. 426 et suiv.

Vers la mi-mai, les Navarrais furent mis en déroute à Ecausseville par Guillaume du Merle, seigneur de Messei. Ce combat est raconté avec quelques détails dans la *Chronique normande du* xiv° *siècle* (3) :

(1) Quincarnon, Eure, arrondissement d'Evreux, canton de Conches, commune de Collandres.

(2) Romilly, Eure, arrondissement de Bernay, canton de Beaumont-le-Roger. Voy. Siméon Luce, *La jeunesse de Du Guesclin*, p. 473.

(3) Édition de la Société de l'Histoire de France, p. 170.

« ... Guillaume du Merle assembla bien deux cens combatans ou environ, et passa en Constentin, et chevaucha et dommaga la terre du roi de Navarre. Et lors plusieurs Englois qui estoient sur le païs, et des Costentinois qui tenoient le parti du roy de Navarre, s'assemblèrent bien douze vins combatans, et vindrent encontrer Guillaume du Merle au bout d'un vilage nommé Escauleville, et y avoit un petit pas d'eaue courante. Et toutes voies Guillaume du Merle le vint passer vers ses ennemis, quant il fut descendu à pié. Et là vindrent assembler les uns aux autres, et avoit un bas mur entre eulz, là où ils assemblèrent. Et fut la besoingne grande et dure et longuement combatue. Mais en la fin les Navarrois furent desconfiz, et bien de huit vins à deux cens combatans mors et prins en la place. » — Les Comptes du roi de Navarre (1) mentionnent « la bataille d'Escaulleville », à propos de deux chevaux qu'y perdit le capitaine navarrais de Bricquebec, Martin Ruiz d'Ayvar.

Carentan est pris par les gens du roi de France aussitôt après le combat d'Ecausseville, avant la bataille de Cocherel, qui fut livrée le 16 mai 1364. Ce point a été bien établi par Siméon Luce, dans la *Revue des questions historiques* (2).

A la bataille de Cocherel périt Bascon de Mareuil, chef de bande, dont les états de service ont été en partie établis par Siméon Luce, dans *La Jeunesse de Du Guesclin*, p. 277.

Valognes fut assiégé par Du Guesclin au commencement du mois de juillet. Le château dut tomber au pouvoir des troupes de Charles V, le 10 de ce mois. Cela résulte d'une discussion de Siméon Luce, qui a consacré des pages très intéressantes (3) à ce curieux épisode de la lutte engagée par Charles V contre les partisans du roi de Navarre.

Au dire de notre chroniqueur, Du Guesclin, après avoir occupé Valognes, s'empara de Magueville, de Barfleur, du Pont l'Abbé et de Néhou, avant d'aller en Bretagne, où il perdit la bataille d'Auray, le 29 septembre 1364.

(1) Édition Izarn, p. 218.

(2) Nouvelle série, t. IX, p. 386.

(3) *Revue des questions historiques*, nouv. série, t. IX, p. 392 et suivantes.

La prise de Magneville n'a, je crois, été mentionnée dans aucune des chroniques publiées jusqu'à ce jour ; mais *le siège de Manneville* est expressément rappelé dans un article des Comptes du roi de Navarre. (1)

Quant à Barfleur et à Pont-l'Abbé, nous ignorions jusqu'ici que ces places eussent joué un rôle dans la campagne de 1364. Mais on avait déjà pu supposer que Néhou avait alors été rendu aux troupes du roi de France. (2) Les Comptes du roi de Navarre parlent, en effet, de sommes payées pour des messages envoyés « devers messire Guillaume aus Espaules, et autre part, depuis que le dit messire Guillaume fu tourné françois et qu'il ot rendu les forteresses de Neauhou et de Pont d'Ouve. » J'ignore par quelle raison Siméon Luce (3) a cru devoir placer en 1360, et non pas en 1364, la cession de Néhou et du Pont d'Ouve à Charles V.

Année 1366.

Guillaume du Merle détruit une bande de pillards anglais qui était venue se retrancher au Homme, c'est-à-dire à l'Ile Marie. Ce fait d'armes a trouvé place dans les récits des deux écrivains contemporains auxquels nous devons la *Chronique des quatre premiers Valois* (4) et la *Chronique normande du XIVᵉ siècle*. (5) Les notes sur lesquelles j'appelle aujourd'hui l'attention de mes compatriotes signalent deux particularités qui n'avaient point été relevées dans les autres narrations. Nous y voyons, d'abord, indiqué, probablement comme chef de la compagnie, *un blanc chevalier anglois*, dont je regrette de ne pouvoir pas déterminer la personnalité. De plus, il y est dit que, le caractère de belligérants n'ayant point été reconnu à la compagnie, tous ceux qui en avaient fait partie furent passés par les armes. Nous savons par une pièce de comptabilité que les ennemis occupèrent le Homme du 17 mai au 14 juin 1366. (6)

---

(1) Édition Izarn, p. 222.

(2) Voyez mon *Histoire du château de Saint-Sauveur*, p. 130.

(3) Article intitulé *Du Guesclin en Normandie : Le siège et la prise de Valognes*, dans la *Revue des questions historiques*, 1ᵉʳ avril 1893.

(4) Édit. de la Société de l'Histoire de France, p. 169.

(5) Édit. de la Société de l'Histoire de France, p. 167.

(6) Voyez mon *Histoire du château de Saint-Sauveur*, p. 143 et 144, et *La jeunesse de Du Guesclin*, par Siméon Luce, p. 484.

Année 1368.

Le Cotentin est ravagé par une grande compagnie qui avait établi son quartier général à Château-Gontier et qui, sous la conduite d'un chevalier nommé « Monseigneur Guieffroy Esselle », avait essayé de surprendre Cherbourg. L'auteur de notre Chronique, est, je crois, le seul écrivain contemporain qui ait mentionné cet audacieux coup de main ; mais il était fort exactement renseigné. Nous lisons en effet, dans les Comptes du roi de Navarre : (1) « A Navarre, roy des heraux de monseigneur, par mandement de l'abbé de Cherebourg, du xviii° jour de décembre ccclxviii, pour aler devers messire Jehan Chandos, en Guyenne, pour li monstrer comment les genz des compaignes qui estoient à Chasteau Gontier avoient couru le païz de Costentin, essayé à prendre la ville de Chere-bourg, et comme eulz avoient prins pluseurs prisonniers et menez au dit Chasteau Gontier, sur la seurté que avoit donnée au dit païz le dit Chandos, lx frans. »

La Chronique nous apprend qu'en 1368 Jean Chandos vint [dans le Cotentin] et qu'il fit beaucoup travailler au château de Saint-Sauveur. Cela s'accorde bien avec deux actes authentiques du 13 septembre et du 6 octobre 1368 qui attestent le séjour de Chandos dans cette place. (2)

Années 1369 et 1370.

Ce que dit notre Chronique de la jonction des Anglais de Château-Gontier avec la garnison du château de Saint-Sauveur-le-Vicomte, de la tentative infructueuse que les lieutenants du roi Charles V firent, au mois d'août 1369, pour reprendre cette place, des travaux de défense élevés par les Anglais à Eroudeville et Garnetot, et de l'enlèvement du fort d'Eroudeville en avril 1370, est parfaitement d'accord avec les documents authentiques que j'ai eu l'occasion d'employer dans l'*Histoire du château de Saint-Sauveur-le-Vicomte*, p. 153-156.

(1) Éd. Izarn, p. 219 et 387.

(2) *Histoire du château de Saint-Sauveur-le-Vicomte*, Preuves, p. 166 et 167.

L'auteur de notre Chronique ne paraît pas avoir été moins exactement renseigné sur la conduite de Charles le Mauvais, roi de Navarre, pendant les années 1369 et 1370. Suivant lui, ce prince serait arrivé en Cotentin au mois d'août 1369 ; il y serait arrivé en passant par la Bretagne, il y aurait eu une entrevue avec le duc Jean de Montfort, et le sire de Clisson l'aurait accompagné jusqu'à Avranches. Il est parfaitement certain que l'arrivée de Charles le Mauvais à Cherbourg est du 13 août 1369. Nous lisons, en effet, dans les Comptes du roi de Navarre (1) : « Depuis le xiiie jour d'aoust ccclxix, que monseigneur vint et arriva en sa ville de Cherebourg... » D'autre part, nous savons par une déposition du secrétaire de Charles le Mauvais que ce prince passa par la Bretagne entre la Saint-Jean et la mi-août 1369 et qu'il y conclut une alliance avec le duc (2).

Un peu plus loin, nous voyons dans notre Chronique que Charles le Mauvais alla en Angleterre s'aboucher avec Edouard III vers le milieu du mois d'août 1370, et qu'avant de partir il avait reçu des otages à Cherbourg (Thomas de Hatfield, évêque de Durham, Thomas de Beauchamp, comte de Warwick, et le comte de « Celson. » Le roi de Navarre, ajoute le chroniqueur, fit passer avec lui en Angleterre l'évêque de Durham ; il resta quinze jours à la cour d'Edouard III, qui lui fit une somptueuse réception dans le château de Clarendon. — Tous ces détails semblent devoir être admis. Nous trouvons, en effet, dans le recueil de Rymer (3) deux actes du 12 et du 14 août 1370, relatifs aux conventions qui furent alors arrêtées à Clarendon, entre Édouard III et Charles le Mauvais ; le second de ces actes, émané du roi d'Angleterre, s'appuie sur « les parlances qui ont esté entre nous, d'une part, et nostre très cher frère le roy de Navarre, d'autre, sur le fait d'alliances et amistés d'entre nous et luy. » De plus, Thomas Walsingham (4) a enregistré dans ses annales non seulement le

<hr>

(1) Éd. Izarn, p. 374.

(2) Secousse, *Mémoires pour servir à l'Histoire de Charles II, roi de Navarre*, partie II, p. 107.

(3) *Fœdera*, édition de 1740, t. III, part. I, p. 172 et 173. — Édition de 1830, t. III, part. II, p. 899.

(4) Voyez Secousse, *Mémoires pour servir à l'Histoire de Charles II roi de Navarre*, partie II, p. 122.

voyage de Charles le Mauvais, et les conférences de Clarendon, mais encore la précaution que le roi d'Angleterre avait prise d'envoyer des otages en Normandie pour donner toute sécurité au roi de Navarre pendant la durée du voyage.

Année 1373.

C'est sous cette année que la mort de Jean de Chandos est placée dans notre Chronique. Il y a là une notable erreur. Le capitaine anglais de Saint-Sauveur-le-Vicomte, dont les exactions jetèrent si longtemps la désolation dans les campagnes du Cotentin, mourut à la suite de la bataille de Lussac, en Poitou, livrée le 1er janvier 1370. L'écuyer breton qui, dans dans cette journée, mit les Anglais en déroute se nommait Jean de Kerlouet. On peut voir à ce sujet la *Chronique des quatre premiers Valois*, p. 207, la *Chronique normande du XIV° siècle*, p. 194 et 348, le Froissart de Siméon Luce, t. VII, p. LXXXVI et LXXXVII, et l'*Histoire du château de Saint-Sauveur-le-Vicomte*, p. 156 et suiv.

Année 1377.

La saisie des châteaux normands du roi de Navarre, à la suite d'une campagne à laquelle prirent part le connétable Bertrand Du Guesclin, le duc de Bourgogne et l'amiral Jean de Vienne est indûment placée sous l'année 1377 par l'auteur de notre Chronique. Cet événement considérable a été l'objet de notes très substantielles que M. Gaston Raynaud a insérées dans le tome IX de l'édition de Froissart publiée par la Société de l'Histoire de France. En voici le résumé pour ce qui regarde les châteaux de notre département :

Carentan se rendit le 25 avril 1378 à l'amiral Jean de Vienne ; le château fut placé sous la garde de Guillaume de Villers.

Valognes, commandé par Guillaume de La Haie, se soumit le 26 avril 1378 à Du Guesclin, à Charles de Navarre et au duc de Bourgogne ; la garde en fut confiée à Jean de Siffrevast.

Avranches fut pris le 29 avril 1378 par Bertrand Du Guesclin, en compagnie duquel se trouvaient le duc de Bourgogne, le sire de Couci et Bureau de la Rivière. Charles V ordonna la démolition du château par un mandement en date du 14 juillet 1378.

Gavray fut assiégé, selon toute apparence, pendant le mois de mai 1378. Le 31 de ce mois, Charles V fit payer une somme de 600 francs d'or à six chevaliers, Guillaume Painel, sire de Hambie, Alain de La Houssaie, Alain de Beaumont, Perceval d'Esneval, Raoul de Beauchamp et Hervé de Mauny, en récompense de leurs services « ès bastides qui ont esté devant le chastel de Gavray. »

Le 1er juin 1378, Du Guesclin accorda à tous les Navarrais de la garnison de Gavray des lettres de rémission, dont il y a une copie à la fin du ms. 3141 de l'Arsenal. Ces lettres leur avaient été promises au moment de la capitulation.

Regnéville fut rendu avant le 8 juin, date à laquelle le roi fit donner 30 francs à un chevaucheur du duc de Bourgogne qui avait apporté « nouvelles de la prise de Renierville. »

Le siège de Mortain, commencé par Colart d'Estouteville, sire de Torci, sur l'ordre du roi, le 30 avril 1378, et auquel prit part le connétable Du Guesclin, dura environ trois mois. La place était rendue à la date du 30 juillet 1378. Dès le 14 de ce mois, le roi avait donné des ordres pour faire démolir le château.

Ce fut plus tard que Cherbourg fit retour à la couronne de France.

Année 1378.

Combat de La Hogue, peut-être La Hougue, entre les gens du roi de France, tenant garnison à Valognes, et les Anglais de la garnison de Cherbourg, le 4 juillet 1379 — Ce combat, dans lequel le chef du parti français, Guillaume des Bordes, fut fait prisonnier, a été raconté par Froissart (1) ; au dire de ce chroniqueur, la rencontre eut lieu dans les bois, « en une plache que on dist Pestor » (Prestor suivant plusieurs manuscrits). On n'a point encore déterminé la localité dont il est ici question. Notre Chronique est la seule, avec celle du Mont-Saint-Michel, à donner à cette escarmouche la dénomination de « bataille de la Hogue. »

(1) Édition de la Société de l'Histoire de France, t. IX, p. 138. Voyez les notes de M. Gaston Raynaud, ibid., p. lxvii et lxviii.

Année 1383.

Mission des réformateurs envoyés en Normandie par le gouvernement de Charles VI. — Voyez à ce sujet quelques détails donnés par M. Henri Moranvillé dans son *Etude sur la vie de Jean Le Mercier*, p. 90 et suivantes. (*Mémoires présentés par divers savants à l'Académie des inscriptions et belles-lettres*, 2ᵉ série, t. vi.)

Année 1387.

Couronnement de Charles III, roi de Navarre, à Pampelune, le jour de l'Ascension 1387, suivant notre Chronique. *L'Art de vérifier les dates* rapporte cet événement au 25 juillet 1390.

Grande fête donnée à Tracy par Guillaume d'Enfernet. — Nous avons à la Bibliothèque nationale (1) beaucoup de pièces des années 1381-1387, dans lesquelles Guillaume d'Enfernet est qualifié de trésorier général des aides en la province de Rouen, ou de trésorier des guerres du roi. Une généalogie (2) mentionne les provisions de capitaine du château de Tracy, que Bertrand d'Anfernet, seigneur de Montchauvet, reçut, le 2 mai 1404, de Pierre, fils du roi de Navarre.

Année 1389.

Prise de Saint-Malo par Robert de Guitté. — Le texte du manuscrit de la Bibliothèque nationale omet ici le mot *prindrent·* omission qui rend la phrase inintelligible. J'ai restitué ce mot d'après la Chronique du Mont-Saint-Michel, qui garde le silence au sujet du vicomte de la Bellière.

Léopold DELISLE.

(1) Pièces originales du Cabinet des titres, volume 60, dossier 1312.

(2) Pièce 35 du même dossier.